CATALOGUE
D'OBJETS D'ART

ET DE

CURIOSITÉ,

Porcelaines de Sèvres, pâte tendre, Porcelaines anciennes et modernes de Saxe, de Chine et du Japon, montées en bronze doré et non montées, Bronzes anciens, Pendules, Lustres, Candélabres, Feux, Meubles en ébène et en marqueterie de Boule et de Riesner, Bronzes chinois, Meubles en bois sculpté et Laque du Japon et de Chine, Bronzes italiens.

TRÈS BELLES SCULPTURES EN MARBRE

DONT LA VENTE AURA LIEU

En vertu d'autorisation du Tribunal de Commerce en date du 3 octobre 1854,

APRÈS CESSATION DE COMMERCE DE M. ESCUDIER FILS

DANS SES MAGASINS,

QUAI VOLTAIRE, N. 21

Les Jeudi 14, Vendredi 15 & Samedi 16 Décembre 1854,

heure de midi.

Par le ministère de M° POUCHET, Commissaire-Priseur,
Assisté de M. RIDEL, son prédécesseur, rue Saint-Honoré, 335.

Chez lesquels se distribue le présent Catalogue.

EXPOSITION PUBLIQUE

Les Mardi 12 et Mercredi 13 Décembre 1854, de midi à 4 heures.

PARIS

MAULDE & RENOU

IMPRIMEURS DE LA COMPAGNIE DES COMMISSAIRES-PRISEURS
Rue de Rivoli, 144.

1854

CATALOGUE
D'OBJETS D'ART

ET DE

CURIOSITÉ,

Porcelaines de Sèvres, pâte tendre, Porcelaines anciennes et modernes de Saxe, de Chine et du Japon, montées en bronze doré et non montées, Bronzes anciens, Pendules, Lustres, Candelabres, Feux, Meubles en ébène et en marqueterie de Boule et de Riesner, Bronzes chinois, Meubles en bois sculpté et Laque du Japon et de Chine, Bronzes italiens,

TRÈS BELLES SCULPTURES EN MARBRE

DONT LA VENTE AURA LIEU

En vertu d'autorisation du Tribunal de Commerce en date du 3 octobre 1854,

APRÈS CESSATION DE COMMERCE DE M. ESCUDIER FILS

DANS SES MAGASINS,

QUAI VOLTAIRE, N. 21

Les Jeudi 14, Vendredi 15 & Samedi 16 Décembre 1854,

heure de midi.

Par le ministère de M° **POUCHET**, Commissaire-Priseur,

Assisté de M. **RIDEL**, son prédécesseur, rue Saint-Honoré, 335,

Chez lesquels se distribue le présent Catalogue.

EXPOSITION PUBLIQUE

Les Mardi 12 et Mercredi 13 Décembre 1854, de midi à 4 heures.

PARIS

MAULDE & RENOU

IMPRIMEURS DE LA COMPAGNIE DES COMMISSAIRES-PRISEURS
Rue de Rivoli, 144.

1854

CONDITIONS DE LA VENTE

Elle sera faite au comptant.

Les acquéreurs paieront, en sus des adjudications, cinq centimes par franc, applicable aux frais.

ORDRE DES VACATIONS

Le Jeudi : Les Porcelaines non montées et les bois scuptés de Chine.

Le Vendredi : Les Porcelaines montées, Bronzes dorés, Marbres et Bronzes.

Le Samedi : Les Meubles, la continuation des Bronzes, Porcelaines et Objets divers.

CATALOGUE

D'OBJETS D'ART

ET DE CURIOSITÉ

Meubles.

1 — Deux grands meubles en ébène, à angles coupés, le milieu avec porte d'avant-corps à médaillon de vases à fleurs et fruits en relief en mosaïque genre Florence, moulures et chutes de fleurs en bronze doré. Haut. 1 m. 33 c., larg. 1 m. 23 c.

2 — Deux meubles à pilastres et à une porte en marqueterie écaille et cuivre (1re partie), ornés de bronzes dorés. Le devant et les côtés vitrés, le dessus en vert de mer. Haut. 131 c., larg. 87 c.

3 — Un meuble d'un bon style à angles coupés et à une porte en marqueterie de Boule (1re partie), orné de bronzes en couleur, dessus en marbre noir. Haut. 129 c., larg. 1 m. 3 c.

4 — Une belle console en marqueterie de Boule à quatre pieds cintrés, avec chutes à tête de femme et encadrements en bronze doré, le fond à glace, dessus en marbre vert de mer. Long. 1 m. 13 c., prof. 45 c.

5 — Deux meubles en marqueterie de bois à fleurs sur fond ébène, les pans coupés avec cariatides dans toute la hauteur et moulures en bronze doré. Haut. 1 m. 26 c., long. 89 c.

6 — Un meuble en ébène, pilastres en marqueterie de cuivre et écaille, orné de bronze doré et buste de satyre ; les deux portes vitrées, dessus en vert de mer. Haut. 1 m. 21 c. larg. 1 m. 33 c.

7 — Un grand et beau buffet à deux corps en palissandre, le bas à porte pleine avec moulures, le haut à portes vitrées séparées par trois demi-colonnes sculptées, l'intérieur du haut en palissandre avec deux tablettes en glace. Haut 2 m. 80 c., larg. 1 m. 60 c., prof. 57 c.

8 — Une console ancienne forme Louis XV en palissandre, ceinture et dessus en marqueterie de bois, le tout richement orné de bronzes dorés, entrejambe avec vase. Long. 1 m. 30 c.

9 — Deux grandes bibliothèques anciennes à deux portes en acajou ornées de moulures et écoinçons en bronze doré. Haut. 2 m. 30 c., larg. 1 m. 38 c.

10 — Un coffre en ébène et bronze doré avec cinq plaques en mosaïque en relief d'un beau travail à branchage de fleurs et oiseaux, les feuilles en jaspe vert, les fruits en agate et jaspe de couleur, les rubans en cornaline, le corps de l'oiseau formé d'un morceau de labrador à riches reflets; le coffre, qui laisse à désirer sous le rapport de la monture, pourrait avec avantage, étant démonté, servir à former un petit secrétaire de dame.

11 — Une bibliothèque basse en acajou à trois portes à glace, chapiteaux et frises en feuilles de vigne en bronze doré mat. Haut. 96 c., larg. 2 m. 54.

12 — Une bibliothèque basse en acajou à deux portes, mêmes ornements que la précédente. Larg. 1 m. 44 c.

13 — Une bibliothèque basse en acajou à une porte, mêmes ornements que les précédentes. Larg. 88.

14 — Une bibliothèque basse en acajou à une porte, mêmes ornements que les précédentes. Larg. 77.

15 — Une bibliothèque basse en acajou à une porte, sans frises ni chapiteaux. Larg. 89.

16 — Un meuble en acajou orné de bronzes dorés au mat, renfermant un jeu de flûte de Davrainville, jouant onze airs; ledit meuble surmonté d'une pendule à demi secondes et quantième de Bourdier. Larg. 87 c., prof. 48 c.

17 — Un grand bureau à cylindre en acajou, l'intérieur des tiroirs également en acajou, le dessus en marbre bleu fleuri. Larg. 1 m. 54 c., prof. 81 c., haut. 1 m. 30 c.
18 — Un guéridon en palissandre, le dessus en albâtre mousseux. Diam. 84 c.
19 — Un petit meuble à une porte, marqueterie de cuivre orné de bronze doré.
20 — Une grande bibliothèque en acajou à trois portes vitrées. Haut. 2 m. 52 c., larg. 2 m.
21 — Petite encoignure en bois de rose, porte pleine et tiroir. Haut. 1 m. 02 c.
22 — Un grand piédestal en acajou avec couronne et applique en bronze doré mat. Haut. 1 m. 58 c. larg., 51 c.
23 — Une montre vitrée sur pied en palissandre à filet de cuivre. Larg. 90 c., prof. 54 c.
24 — Une grande caisse en fer de Huret à deux serrures sans combinaisons. Haut. 1 m. 64 c., larg. 76 c., prof. 61 c.

Marbres.

25 — Une Cléopâtre couchée, grandeur nature, en marbre blanc d'un très beau travail, avec socle en marbre p.ator et contre-socle en marbre vert antique. Long. 1 m. 22 c.. Haut. totale, 1 m. 49 c.

Cette belle figure provient de la galerie Aguado.

26 — Une très grande et belle coupe avec anses prises dans la masse, en marbre jaune sur socle à moulures en marbre blanc. Diam. 90 c., haut. du tout 1 m. 71 c.

Cette coupe, par son volume et son beau travail, est digne d'un musée; elle fut achetée par M. Odiot père à la vente du prince Aldobrandini.

27 — Un buste colossal en marbre blanc. Ulysse.
28 — Un buste colossal en marbre blanc. Jupiter olympien.
29 — Un tombeau en marbre jaune, modèle d'Agrippa, sur socle en granit rose d'Egypte.
30 — Un groupe en terre cuite par Montreuil. Une belette après avoir tué le mâle s'approche d'un nid d'oiseau défendu avec courage par la femelle.

Cette œuvre d'art a tout le fini qui caractérise cet artiste.

31 — Un buste en marbre blanc. Socrate.
32 — Deux colonnes cannelées en marbre blanc veiné. Haut. 1 m. 10 c., diam. 36 c.
33 — Une grande colonne en marbre portor, la base en marbre blanc. Haut. 1 m. 40 c. diam. 29 c.
34 — Un colonne et son embase en marbre bleu turquin. Haut. 1 m. 23 c., diam. 26 c.
35 — Deux colonnes en marbre gris veiné. Haut. 1 m. 27 c., diam. 22 c.
36 — Un tombeau en vert antiques à amandes rouges, modèle de Scipion.

37 — Un joli buste en marbre blanc. Ariane
38 — Un bas-relief en marbre noir sculpté, le Calvaire, travail très fin du XVI° siècle, cassé au centre.
> Le cadre en noyer avec champ renfoncé en albâtre oriental et ornements en ébène sculpté.

39 — Un buste de l'empereur Caracalla en marbre blanc.
40 — Une coupe ronde en rouge antique avec anses prises dans la masse, sur socle carré en vert de mer. Une des anses a été réparée.
41 — Deux lions couchés en marbre jaune antique sur socles en marbre protor, d'après Canova.

Bronzes dorés.

42 — Une belle garniture de cheminée composée d'une pendule grand modèle de l'Amour et Psyché, et deux candélabres à figures ailées portant cinq lumières ; les figures en bronze et les ornements dorés mat, les socles en granit globuleux de Corse.
43 — Une grande galerie de cheminée en bronze doré style Louis XVI, frises en feuilles de de vigne ; fort vase avec guirlande de fleurs. Grandeur tout ouverte, 1 m. 30 c., fermée, 1 m. 14 c.

44. — Deux forts feux style Louis XVI en bronze doré, cassolette au centre avec deux enfants satyres tenant des guirlandes de fruits.
45 — Une pendule ancienne en bronze doré mat, figures de femme et d'enfants; socle en marbre blanc, mouvement de Julien Leroy.
46 — Une paire de très forts feux à lions couchés en bronze, sur socles avec frise en bronze doré mat.
47 — Une pendule ancienne en marbre blanc avec consoles et frise en bronze doré mat d'une bonne exécution, mouvement de Sotiau.
48 — Deux candélabres anciens du temps de Louis XVI, figures de femmes, portant une corbeille à trois lumières en bronze doré mat, socle en marbre blanc.
49 — Deux très grands flambeaux en bronze doré mat, pied triangulaire à sphinx et aigles. Ces flambeaux sont d'une très belle exécution.
50 — Deux flambeaux Louis XVI, tige à tête de vieillard en bronze doré.
51 — Un grand lustre hollandais en cuivre poli avec seize lumières en deux rangs.
52. — Un support ancien en bronze doré forme cul de lampe, style Louis XIV.
53 — Un grand lampadère en bronze doré pouvant recevoir cinq lampes.
54 — Deux candélabres en bronze, figures égyptiennes agenouillées.

55 — Deux supports en bronze doré, culs de lampe à mascarons style Louis XIV.
56 — Un lustre à seize lumières en bronze doré.

Porcelaines anciennes, du Japon et de Chine, montées en bronze doré.

57 — Deux très grandes et riches potiches à six pans première qualité, décors à kiosques et fleurs avec bandelettes quadrillées bleues sur fond or, riche monture régulière en bronze doré. Haut. 1 m. 13 c.
58 — Deux grands cornets, riche monture régulière en bronze doré. Haut. 74 c. L'un cassé à la gorge.
59 — Deux cassolettes rondes à couvercles, décors à trois cartels avec kiosques, richement-ture régulière en bronze doré. Haut. 40 c. diam. 27 c.
60 — Deux beaux vases lisbé, décors riche à fleurs sur fond bleu et petits cartels, socles et gorges en bronze doré. Haut. 50 c.
61 — Deux cornets à décors, chevaux et vase de fleurs, monture régulière en bronze doré. Haut. 42 c.
62 — Deux bouteilles à deux anses, cartels à dragons et papillons, monture en bronze doré. Haut 32 c.
63 — Deux petites cassolette rondes, monture à tête de bouquins en bronze doré.

64 — Deux bouteilles à figures, montées avec pavots à deux lumières en bronze doré. Haut. 47 c.
65 — Deux cornets forme boule à la base, le décor à vase de fleurs et oiseaux, socles et gorges rocaille. Haut. 46 c.
66 — Quatre compotiers festonnés, riches décors rouge bleu de roi et or semé de fleurs sur pieds en bronze doré. Diam. 24 c. Seront vendus par deux.
67 — Quatre idem idem. Diam. 21 c.
68 — Quatre idem idem. Diam. 19 c.
69 — Un grand bol, le fond vert, cartels à figures et fleurs, riche monture rocaille en bronze doré.
70 — Une cassolette ronde couverte, décors à figures et kiosques en couleurs émaillés, monture rocaille en bronze doré.
71 — Deux bols à grecques blanches en relief sur fond vert, petits médaillons à fleurs camaïeux rouges, monture régulière en bronze doré.
72 — Deux vases ancien cracquelé, monture rocaille en bronze doré. Haut. 32 c.
73 — Deux plateaux ronds fond blanc, peints à figures fines, montés en bronze doré.
74. — Deux petites bouteilles céladon semées de fleurs, monture en bronze doré avec bouquet de rose à une lumière. Haut. 35 c.
76 — Un vase coquille d'œuf, médaillons à figures sur fond à petites mosaïques, monture avec anses en bronze doré. Haut. 32 c.

76 — Un bol à figures et vermicelle or, monté en bronze en couleur.

77 — Un magot sur socle en bronze doré, portant une girandole à trois lumières également en bronze doré.

Porcelaines modernes, de Chine, montées en bronze doré.

78 — Deux très grands vases cartels à figures, riche monture rocaille avec forts bouquets de lys et pavots portant treize lumières, lesdits vases reposant sur un socle chantourné en bois noir avec moulures en bronze doré. Haut. totale, 2 m. 75 c.

79 — Deux très grands vases céladon semés de chimères bleus riche monture rocaille avec forts bouquets de lys et pavots portant treize lumières en bronze doré, reposant sur socle chan-tourné en bois noir avec moulures en bronze doré. Haut. 2 m. 75 c.

80 — Deux vases, le col cylindrique, fond blanc semé de fleurs, cartels à figures, socle et gorge rocaille en bronze doré. Haut. 74 c.

81 — Deux grands vases le fond semé de fleurs, cartels à figures, la gorge rose et verte, les anses à oiseaux, socles et gorge rocaille en bronze doré. Haut. 73 c.

82 — Un plat idem, le bord orange, monture bronze doré.

83 — Deux cassolettes couvertes ovales, décors à figures, belle monture rocaille en bronze doré.

84 — Un plat ovale, le bord orange, le fond à figures, monture en bronze doré.

85 — Un vase uni violet, monture régulière avec anses à feuilles de lierre en bronze doré Haut. 54 c.

86 — Deux bouteilles rouges jaspées de bleu, belle monture rocaille avec anses en bronze doré. Haut. 45 c.

87 — Deux vases Chine, animaux chimériques et attributs, montés richement en lampes Carcel en bronze doré. Haut. sous globe, 48 c.

88 — Deux petits seaux cylindriques à fleurs, monture régulière, bronze doré.

89 — Deux bouteilles à trois lézards dorés, le fond à attributs, cartels à figures, monture régulière en bronze doré avec bouquets de lys à six lumières. Haut. 82 c.

90 — Une paire de vases de forme applatie, décors à figures, monture régulière en bronze doré. Haut. 28. c.

91 — Deux vases, la gorge ouverte, le fond à fleurs, cartels à figures et lézards en relief, monture rocaille en bronze doré. Haut. 55 c.

92 — Deux vases à lézards or, cartels à figures, le fond à fleurs anses à oiseaux, socles et gorges rocaille à jour en bronze doré. Haut. 56 c.

93 — Cinq paires de petits seaux cylindriques à fleurs et oiseaux, monture en bronze doré.

94 — Un grand bol, décors extérieur et intérieur à figure, riche monture rocaille en bronze doré. Diam. du bol., 39 c.

95 — Une cassolette, le décor à figures, monture rocaille dorée.

96 — Un bol, décors intérieur et extérieur, monture sur piédouche, anses et gorge à poste en bronze doré. Diam. du bol. 32 c.

97 — Deux vases carrés plats à figures et fleurs, les anses et les couvercles à petites figurines, socles et gorges en bronze doré.

98 — Un vase, le fond semé de fleurs, cartels à figures et lézards en relief, socle et gorge rocaille en bronze doré. Haut. 55 c.

99 — Deux vases à lézards, cartels à figures, le fond à fleurs, riche monture rocaille en bronze doré avec lampes Carcel.

Porcelaines anciennes de Chine.

100 — Un cornet forme boule, au centre, paysage et figures, socle en bois sculpté. Haut. 45 c.

101 — Un vase forme rouleau, décors à figures, socle en bois sculpté. Haut. 41 c.

102 — Deux plats avec grandes figures fines en couleurs émaillées. Diam. 35 c.

103 — Un vase céladon vert avec branche de vigne et écureuil, sur socle en bois sculpté. Haut. 32 c.

104 — Un vase le fond rouge à mosaïque, cartels à figures. Haut. 30 c.
105 — Un magot céladon tenant un écran.
106 — Un vase forme œuf, sujet à paysage, le haut quadrillé vert. Haut. 35 c.
107 — Une gourde à figures.
108 — Un vase avec branchage et fleurs en relief, cartels à figures. Haut. 30 c.
109 — Un cabaret à mandarins composé de dix-sept pièces.
110 — Un faisan.
111 — Un cabaret à fleurs et oiseaux, composé de quatorze pièces.
112 — Dix-neuf assiettes à bord rouge, femmes à parasol au centre.
113 — Un cornet à figures, socle en bois. Haut. 51 c.
114 — Ving-trois assiettes, bord à écran avec gland et fleurs vives.
115 — Vingt-huit petites assiettes et compotiers à dessins camaïeux bleus très-finis d'exécution.

Porcelaines anciennes du Japon.

116 — Une garniture de trois potiches et deux cornets, fond bleu de roi à quadrilles d'or, cartels à fleurs, les couvercles surmontés de figures. Haut. 67 c.
117 — Un grand cornet à dessins bleus, avec femme en costume du temps de Louis XIV. Haut. 65 c.

118 — Deux cornets, dessins baroques bleus. Haut. 37 c.
119 — Un grand plat, vase de fleurs au centre, oiseaux et fleurs sur le bord. Diam. 55 c.
120 — Une potiche, décors à vase de fleurs et chevaux. Haut. 53 c.
121 — Un grand plat creux couvert de petits cartels à oiseaux et paysages. Diam. 56 c.
122 — Une garniture de cinq vases lisbés écrasés les or frais. Haut. 23 c.
123 — Un grand plat, décors à huit palmettes, dont quatre sur fond or. Diam. 55 c.
124 — Une grande soupière ronde et son plat, décor riche.
125 — Deux grandes carpes chimériques.
126 — Un grand plat, vase au centre, et trois cartels sur le bord. Diam. 50 c.
127 — Deux petits saladiers festonnés, décors à six compartiments.
128 — Un grand plat semé de fleurs. Diam. 46 c.
129 — Deux écuelles couvertes et leurs assiettes.
130 — Un grand plat, décor riche à dessins baroques sur le bord, vase au centre. Diam. 49 c.
131 — Un confiturier à quatre étages.
132 — Six plats entrelacs à fleurons vert, rouge et bleu.
133 — Quatre compotiers octogones, chimères au centre.
134 — Sept petits plats, cartels à oiseaux et vaes de fleurs au centre.

135 — Vingt-sept assiettes fond blanc à dessins bleu clair.
136 — Un poisson s'ouvrant et son plat.
137 — Deux grands compotiers octogones, décor riche.
138 — Deux poissons s'ouvrant et leurs plats.
139 — Dix-sept assiettes, décor riche.

Porcelaines modernes de Chine.

140 — Deux tabourets à pans, décors à figures et fleurs.
141 — Un vase à collerette, la gorge ouverte, cartels à figures, le fond à fleurs, anses à légende. Haut. 64 c.
142 — Deux vases gorge ouverte, semés de fleurs et de fruits, cartels à figures, anses à dragon. Haut. 63 c.
143 — Deux vases, gorge déversante, le fond céladon, avec grands dragons en or. Haut. 62 c.
144 — Un vase à collerette, fond à fleurs, cartels à figures, anses à dragon. Haut. 63 c.
145 — Deux vases à gorge déversante avec collerette, cartels à figures et anses à chimères. Haut. 63 c.
146 — Deux bouteilles céladon vert et reliefs bleu clair. Haut. 59 c.
147 — Deux vases, col déversant et collerette, le fond semé de fleurs coloriées. Haut. 64 c.

148 — Un vase, la gorge ouverte, à collerette, fond semé de fleurs et cartels à figures. Haut. 62 c.

149 — Un vase gorge déversante, le fond céladon à bandeaux de fleurs et caractères. Haut. 63 c.

150 — Deux vases, gorge déversante, le fond semé d'attributs, cartels à oiseaux et fleurs, anses à chimères. Haut. 64 c.

151 — Deux vases gorge ouverte, le fond semé de fleurs, cartels à figures, anses à dragon. Haut. 62 c.

152 — Deux vases, le fond céladon à côtes semé de rosaces bleues, anses à doubles chimères. Haut. 64 c.

153 — Deux vases fond bleu clair avec dessin bleu foncé sous l'émail. Haut. 61 c.

154 — Un vase jaune avec paysage et figures en relief, anses à chauve-souris, socle en bois sculpté. Haut. 42 c.

155 — Deux cornets semés de fleurs vertes. Haut. 38 c.

156 — Une vase à collerette rouge jaspé de gris. Haut. 40 c,

157 — Une bouteille, goulot renforcé à dessins verts et roses, fond à fleurs, cartels à figures. Haut. 45 c.

158 — Deux vases de forme élancée, bleu clair, dessins bleu foncé sous l'émail. Haut 47 c.

159 — Deux vases gorge déversante, cartels à figures, anses à oiseaux. Haut. 43 c.

160 — Deux vases à collerettes, cartels à figures, anses à figurine. Haut. 43 c.
161 — Deux bouteilles à grandes figures et attributs. — Haut. 45 c.
162 — Deux vases, gorge ouverte, semés de fleurs, cartels à figures, anses à lézards. Haut. 45 c.
163 — Deux vases céladon avec bandeaux de fleurs et caractères, anses à oiseaux. Haut. 44 c.
164 — Deux bouteilles, goulot renforcé, décors à figures. Haut. 45 c.
165 — Une paire de vases le col déversant, le fond à fleurs, cartels à figures, anses à figurines. Haut. 34 c.
166 — Deux bouteilles, le col évasé, le fond semé d'animaux chimériques, dragon rouge au centre. Haut. 45 c.
167 — Deux bouteilles à grandes figures et attributs. Haut. 45 c.
168 — Deux vases, gorge déversante et collerette, le fond à vases et fleurs, cartels à figures, anses à oiseaux. Haut. 43 c.
169 — Deux vases, anses à oiseaux, lézards dorés, cartels à figures.
170 — Une bouteille blanche gauffrée, socle en bois. Haut. 47 c.
171 — Plusieurs vases seuls seront divisés sous ce numéro.
172 — Quatre garnitures de vases et cornets pour lampes. Seront divisées.

173 — Un très-grand bol, décors intérieur et extérieur à personnages. Le socle en bois sculpté. Diam. 47 c.
174 — Huit grandes tasses à anses, décors à figures.
175 — Quatre bols, décors intérieur et extérieur à figures. Les socles en bois sculpté. Diamètre 29 c.
176 — Deux légumiers, décors à figures.
177 — Six petits bols, décors intérieur et extérieur. Socles en bois sculpté. Diam. 20 c.
178 — Douze paires de vases de 30 centimètres, seront détaillés.
179 — Quinze bols ronds festonnés et octogones, décorés d'arabesques, de figures et attributs seront divisés.
180 — Quantité de petits objets de Chine seront vendus sous ce numéro.
181 — Deux bouteilles, le goulot renforcé, le fond semé de nuages et dragons, les cartels à figures. Haut. 45 c.

Porcelaines de Sèvres, tendres et autres.

182 — Une aiguière en porcelaine d'ancien Sèvres, fond vert, cartel à fleurs, monture en bronze doré.
183 — Deux vases porcelaine tendre, fond vert, avec cartels à bacchantes, entourés de petits émaux, monture régulière en bronze doré. Haut. 58 c.

184 — Une cassolette, porcelaine tendre, fond turquoise, médaillons à fleurs et oiseaux, monture régulière avec tête de faune en bronze doré.

185 — Un plateau ovale, porcelaine de Sèvres tendre, décor moderne, le fond turquoise, médaillon à enfants, monture avec enfants et lierre en bronze doré.

186 — Une grande cassolette en porcelaine de Sèvres tendre, décor moderne, turquoise, cartel genre pastoral, couvercle à fleurs, monture rocaille en bronze doré. Haut. 47 c.

187 — Un plateau rond festonné, le bord bleu turquoise, bouquet au centre, monture à dragons en bronze doré.

188 — Deux vases bleu de roi, porcelaine de Sèvres moderne, monture en bronze doré avec piédouche, et gorge à têtes de vieillards.

189 — Deux vases de forme élancée avec bandeau à paysage grisaille, le fond bleu d'empois avec vignettes en or de la plus belle exécution, de l'ancienne manufacture d'Angoulême.

190 — Deux grands vases Médicis, le fond rose et or, cartels à figures et trophées, monture en bronze doré, frises à sujets de chasse.

191 — Deux jardinières, le fond vert, cartel à fleurs.

192 — Neuf compotiers à pieds, et trois saucières porcelaine de Sèvres à bandeaux bleus et or. (Seront divisés.)
193 — Deux vases, fond vert, fleurs en relief, porcelaine anglaise.

Porcelaines anciennes et modernes de Saxe.

194 — Sept pièces, paysages à figures or à dentelles, cafetière, pot à lait, boîte à thé, théïère et deux tasses.
195 — Un grand bol à gauffrages, décor à fleurs.
196 — Deux soupières ovales festonnées et leurs plats, gauffrages à fleurettes, anses à branches, décors à fleurs.
197 — Un cabaret à fleurs et gauffrages composé de cafetière, pot à lait, théïère, sucrier, plateau, quatre grandes tasses, six idem petites.
198 — Une femme portant trois branches.
199 — Un cabaret, porcelaine ancienne de Berlin, composé d'un plateau, sucrier, pot à lait, théïère et une tasse marquée d'un M en feuillage vert.
200 — Une cafetière, un pot au lait, un bol, un sucrier, une théïère, décors en fleurs vertes et feuillages or.
201 — Six tasses rondes à anses, décors à fleurs.
202 — Un cabaret à fleurs avec vignettes dorées, composé de cafetière, théïère, pot à lait, bol, sucrier, boîte à thé, plateau, douze soucoupes et onze tasses.

203 — Deux corbeilles rondes à petites fleurs bleues et anses à branchages.
204 — Un cabaret à figures de paysans, composé de cafetière, pot à lait, théière, bol, sucrier, boîte à thé, plateau, 6 grandes tasses à anses et six petites.
205 — Petite aiguière à gauffrages et fleurs.
206 — Une tasse à deux anses, figures or.
207 — Douze petites figurines qui seront divisées.
208 — Douze pièces, bols, sucriers, théières, etc., qui seront divisées.
209 — Deux figures, homme et femme couchés tenant une corbeille de fleurs.
210 — Un éléphant portant une asiatique.
211 — Deux groupes de deux figures.
212 — Un groupe, femme faisant la toilette à sa fille.
213 — Deux figures à dentelles, homme offrant un bouquet et femme tenant un éventail.
214 — Un groupe, femme tenant un perroquet, homme jouant de la cornemuse.

Bronzes.

215 — Un fort buste casqué, bronze ancien, le piédouche en marbre Campan.
216 — Un Christ en bronze ancien, dans son cadre en bois sculpté et doré, avec attributs de la croix et têtes de chérubins d'une belle exécution.

217 — Un buste de philosophe grec, bronze florentin.
218 — Deux grands vases en bronze ciselé, l'un le vase Médicis avec le sacrifice d'Iphigénie l'autre, le vase Borghèse, le triomphe de Bacchus.
219 — Un fort buste, bronze très ancien et florentin, les yeux en argent.
220 — Deux bronzes anciens italiens, Vénus au dauphin et Apollon au griffon.
221 — Deux anciens bronzes français, enfants assis sur socles rocailles en bronze doré.
222 — Douze médaillons, buste des Césars en bronze italien (ancien).
223 — Deux petits bustes, bronzes anciens, Henry IV et Sully sur piédouches en bronze doré.
224 — Un groupe bronze italien, David et Goliath.
225 — Un bronze d'après l'antique, le Cimbalier.

Bronzes Chinois.

226 — Une cassolette, trépied patine de bronze aventurine, couvercle à jours.
227 — Deux vases quadrangulaire à têtes d'éléphants, le fond avec ornements chinois, le couvercle à chimère, socles en bois sculpté.
228 — Une cassolette trépied avec caractère chinois, le couvercle à chimére.
229 — Deux cornets et une bouteille.

230 — Un brûle-parfums uni sur trois pieds et socle.

Laques anciens.

231 — Une très belle garniture composée de trois pièces dont un grand et beau vase quadrangulaire en ancien laque rouge du Japon sculpté, le fond à petites grecques, recouvert d'ornements chinois en relief, les anses formées de deux têtes de chimères et deux plateaux élevés avec dessins à grecques, le dessus à cinq dragons.

232 — Une très belle boîte carré long en ancien laque du Japon, fond noir à branchages d'or.

233 — Une boîte carrée légèrement bombée, ancien laque du Japon, le fond noir à branchages or.

234 — Une petite boîte carré long en ancien laque du Japon, fond noir, oiseaux et arabesques en or.

235 — Une petite boîte longue, ancien laque du Japon.

Bois sculpté de Chine.

236 — Une très belle table ronde chinoise, richement sculptée à jours, supportée par six pieds reliés par des croisillons, le dessus avec marbre ronceux et frise en bois au pourtour. Diamètre 1 m. 55 c.

237 — Deux consoles sculptées, dessus en marbre ronceux.

238 — Un grand canapé, sculpture en haut relief.

239 — Belle étagère chinoise à quatre tablettes sculpté sur les quatre faces avec arabesques et couronnement à fronton à jours.
Haut. 1 m. 61 c., Larg. 98 c.

240 — Une charmante étagère à quatre étages soutenue par douze colonnettes sculptées, frises à jour.
Haut. 1 m., Larg. 70 c.

241 — Un grand socle à trois plateaux grecques à jours et caractères chinois au centre.
Larg. 60 c.

242 — Un écran en bois sculpté, relief à feuille de vigne et raisin en pierre de lare, revers à glace.

243 — Un socle à trois plateaux, fleurs de nénuphar.

244 — Un écran en bois sculpté, la feuille en pierre de lare, peinte à figures.

245 — Une table ronde, le tour à gaudron, le pied à balustre et trois consoles, le dessus en marbre ronceux.
Diamètre 1 m. 36 c.

246 — Une table ronde, le pourtour à gaudrons, le pied à balustre et à trois consoles, le dessus en marbre ronceux.
Diamètre 96 c.

247 — Une petite lanterne chinoise en bois sculpté et verres peints à figures, glands en soie et intervalles en émail sur cuivre.

248 — Deux grands socles ronds sculptés à jours. Diamètre intérieur 29 c.

249 — Deux grands socles, tables carrées, frises à lambrequin à jours, dessus en marbre. 27 sur 25.

250 — Deux socles à plateaux grecs, sculpture très fine à jours.

251 — Deux socles à deux plateaux grecques très fines à jours.

252 — Quatre socles a un plateau, grecque, fine à jours.

253 — Huit socles, tables carré long, sculpture fine sur bois de fer. Seront divisés.

254 — Dix-huit socles, tables carrées sur pied à consoles et frises à jour. Seront divisés.

255 — Trente-trois socles ronds, belle sculpture à jour sur bois de fer de 22 centimètres de diamètre à 17. Seront divisés.

256 — Vingt-cinq paires socles ronds pour vases de différents diamètres. Seront divisés,

Terres émaillées et Objets divers,

257 — Un cul de lampe avec deux cornets à fruits en terre émaillée de Lucas de la Robbia.

258 — Un plat de Faenza, sujet mythologique, Amour et femme tenant un flambeau.

259 — Un plat de Faenza, Persée coupant la tête de Méduse.
260 — Un plat de Faenza, le bord bleu avec fruits, Amour tenant un niveau.
261 — Un plat à fleurons jaunes, au centre, symbole de la bonne foi couronné.
262 — Une coupe festonnée de Faenza à fleurons bleus et jaunes, au centre un enfant portant une corbeille.
263 — Une coupe de Faenza, guerriers, chevaux et paysages.
264 — Un cheval marin et figure de fleuve, d'après Bernard Palissi.
265 — Deux bas-reliefs en bois sculpté, sujets de batailles. (Provenant du cabinet de Bruges).
266 — Deux bas reliefs, oiseaux chimériques sculptés sur ivoire. Très ancien travail indien.
267 — Deux petites frises indiennes à double face en ivoire sculpté, sujets à figures.
268 — Un couteau et une fourchette, manche en ivoire sculpté avec groupes d'enfants.
269 — Une Vierge et Enfant Jésus en ivoire.
270 — Un ouka indien, avec incrustation d'argent.
271 — Une pagaye indienne, bois sculpté.
272 — Une boîte en nacre avec fleurs découpées.
273 — Un coffret en bois de palissandre avec relief à fleurs en bois jaune.
274 — Un Saint-Christophe en bois sculpté.
275 — Un presse-papier, marbre noir avec mosaïque de Florence.

276 — Trois boîtes en laque noir et or, carré long.
277 — Vingt-quatre écrans avec oiseaux e plumes et figures, têtes en ivoires. Seront divisés.
278 — Onze boîtes à thé en laque avec boites intérieures en étain gravé. Seront divisés.
279 — Une boîte à gants en bois de sandal, avec figures peintes.
280 — Un échiquier en laque et ses échecs en ivoire.
281 — Un nécessaire de dame en marqueterie mosaïque de Bombay.
282 — Un très grand candelabre en bronze, sur trépied à griffes, portant 13 lumières.
283 Un grand cadre de glace en bois sculpté. Style de la régence.
284 — Deux vases de feux en cuivre verni.
285 — Les objets omis seront vendus sous ce numéro.

www.ingramcontent.com/pod-product-compliance
Lightning Source LLC
Chambersburg PA
CBHW030105230526

45471CB00003B/1267